Jörg Willems – Ihr erstes Produkt

AF219780

IHR ERSTES
PRODUKT

Jörg Willems

Wie Sie die Macht des Internets nutzen können eigene physiche Produkte zu kreiern und zu verkaufen!

BUYER

SELLER

Bibliografische Information der Deutschen Nationalbibliothek:

Die Deutsche Nationalbibliothek verzeichnet diese Publikation in der Deutschen National-bibliografie; detaillierte bibliografische Daten sind im Internet über http://dnb.dnb.de ab-rufbar.

© 2021 Jörg Willems, Kleve

Lektorat: Anja Berns, Duisburg

Herstellung und Verlag: BoD – Books on Demand, Norderstedt

ISBN: 9783753495095

Inhaltsverzeichnis

I

KAPITEL 1

WARUM PHYSISCHE PRODUKTE ERSTELLEN?

Kapitel 1: Warum physische Produkte erstellen?

Es gibt viele attraktive Gründe, online zu arbeiten. Es gibt die Freiheit, das Potenzial für hohe Einnahmen und das Gefühl der Zufriedenheit, dass sich aus der Auswahl der Art von Geschäft ergibt, die Sie führen möchten.

Für einige von uns ist die größte Attraktion beim Online-Geldverdienen das Erfolgserlebnis. Wir lieben es, Menschen sagen zu können, dass wir „Unternehmer" sind, und es macht uns Spaß, allein mit unserem eigenen Einfallsreichtum seinen Lebensunterhalt zu verdienen. Aber vielleicht kommen Sie an einen Punkt, an dem das nicht genug ist? Denn manchmal fühlt sich der Verkauf digitaler Produkte und das Betreiben von Blogs etwas leer an... während Sie vielleicht Wert schaffen, verkaufen Sie am Ende des Tages immer noch nur Ideen und Text, und am Ende bekommt niemand etwas Physisches zum Halten in den Händen.

Was fällt Ihnen ein, wenn Sie jemandem sagen, dass Sie Unternehmer sind? Höchstwahrscheinlich werden sie sich vorstellen, dass Sie ein exzentrischer Erfinder sind - jemand, der sich Gadgets, Gizmos, Ideen und mehr einfallen lässt und diese dann nutzt, um das Leben der Menschen zu verbessern und nebenbei ein bisschen Geld zu verdienen. Wir denken an Leute wie Arthur Fry - den Erfinder der Haftnotizen.

Wenn Sie sagen: "Nein, ich betreibe eine Webseite", können Sie fast hören, wie sie vor Enttäuschung entleert werden. Oh, diese Art von Unternehmer...

Machen Sie keinen Fehler - online Geld zu verdienen ist eine fantastische Möglichkeit, Geld zu verdienen und gleichzeitig den gewünschten Lebensstil zu genießen. Und es ist unglaublich geschickt, talentiert und beeindruckend, wenn Sie es schaffen.

Aber am Ende des Tages ist es nicht ganz so aufregend wie ein echtes, physisches Produkt zu kreieren.

Stellen Sie sich vor, Sie könnten etwas in Ihren Händen halten, dass Sie sich ausgedacht haben. Stellen Sie sich vor, Sie könnten es als Teil Ihrer Routine verwenden. Und stellen Sie sich vor, Sie besuchen einen Big Box-Laden und sehen Ihr Produkt dort im Regal…

Stellen Sie sich vor, Ihr Produkt hebt ab und wird unglaublich beliebt. Stellen Sie sich vor, Sie gehen die Straße entlang und sehen viele Leute, die Ihren Gegenstand benutzen.

Mit einem physischen Produkt können Sie die Welt wirklich verändern und eine viel größere Wirkung erzielen als mit einem E-Book.

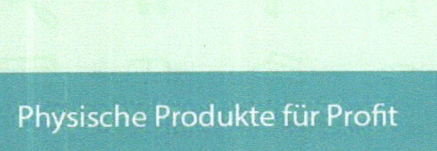

Physische Produkte für Profit

Aber es geht nicht nur um die edle Sache, dieses Erfolgserlebnis zu spüren. Die Herstellung eines physischen Produkts ist auch in Bezug auf das Geld sehr sinnvoll.

Dies liegt daran, dass physische Produkte immer noch dort sind, wo sie sich in Bezug auf den Umsatz befinden, und dass sich dies wahrscheinlich nicht so bald ändern wird.

Für den Anfang haben physische Produkte eine viel größere Anziehungskraft und können an ein wesentlich größeres Publikum verkauft werden. Auch im E-Commerce verkaufen sich physische Produkte deutlich mehr als digitale Produkte. Warum? Teilweise nur, weil die Leute gerne etwas in ihren Händen halten, wenn sie Geld ausgegeben haben. Haben Sie jemals ein digitales Produkt online gekauft und sich dann sofort leer gefühlt? Als hätten Sie für Ihr Geld nichts wirklich Wertvolles bekommen?

Stellen Sie sich nun vor, Sie versuchen, ein E-Book an Leute auf der Straße zu verkaufen. Wie viele Leute würden sich wahrscheinlich dafür entscheiden? Oder sogar interessiert sein?

Viele Leute würden niemals ein E-Book kaufen und schon gar nicht eines, um online Geld zu verdienen. Tatsächlich würde die überwiegende Mehrheit der Menschen dies niemals in Betracht ziehen. Sie bekommen nichts Greifbares, dass sie online nicht kostenlos finden könnten, sie lesen keine Bücher auf ihren Computern und sie sind nicht daran interessiert, online zu arbeiten.

Vergleichen Sie dies jedoch mit einem physischen Produkt, und Sie haben jetzt etwas mit offensichtlichem Wert für ein großes Publikum. Wenn es der richtige Preis ist, besteht die Möglichkeit, dass jeder, der die Straße passiert, interessiert ist.

Stellen Sie sich vor, Sie zeigen Ihren Großeltern, was Sie beruflich verdienen. Zeigen Sie ihnen ein Buch, das Sie am Computer geschrieben haben, und Sie werden ein wenig begeistert sein, wenn Sie Glück haben. Zeigen Sie ihnen, dass Sie Ihr eigenes Spielzeug, Gadget oder Kleidungsstück hergestellt haben und dass Sie echtes Interesse haben.

Das ist der Unterschied zu einem physischen Produkt.

Und dann haben Sie die Möglichkeit zu skalieren. Mit einem digitalen Produkt können Sie es am besten skalieren, indem Sie es auf Jozo oder einer anderen Affiliate-Marketing-Plattform herunterladen. Auf diese Weise können Sie unzählige andere Vermarkter gewinnen, die Ihnen helfen, Ihr Produkt gegen Provision zu bewerben. Das ist gut - aber es ist nicht ganz so gut wie Millionen von Einheiten, die in unzähligen Läden auf der ganzen Welt verkauft werden ...

Warum jetzt ist die beste Zeit

Warum stellen die meisten Menschen bei diesem Hintergrund keine eigenen physischen Produkte her? Warum geben sich die meisten Menschen mit E-Books zufrieden oder schalten Anzeigen auf einer Webseite?

Die Antwort ist einfach: Sie denken, dass die Schaffung eines physischen Produkts über sie hinausgeht.

Die Annahme hier ist, dass Unternehmen wie Apple, Microsoft, Hasbro, Ikea, Nike... die physischen Produkte herstellen, weil sie die großen multinationalen Unternehmen sind. Sie haben Produktionsstätten, Patente, Versandabkommen, große Mengen an Marketing und mehr - und sie haben Milliarden an Marktressourcen, Fokusgruppen, F & E und mehr.

Wie kann eine Person das alles tun? Wie können Sie möglicherweise konkurrieren?

Hier ändern sich die Dinge. Und hier wird das alles sehr aufregend.

Denn im Moment ist es unglaublich einfach, ein eigenes digitales Produkt zu erstellen und zu verkaufen. Wenn Sie bereit sind, etwas zu vereinfachen, gibt es Optionen, mit denen Sie noch heute physische Produkte von Ihrer Webseite verkaufen können.

Aber ich spreche nicht nur über diese einfachen Ideen. Ich spreche auch über die ehrgeizigen Ideen. Möchten Sie Ihre eigene Smartwatch erstellen? Gut können Sie tun! Möchten Sie eine Art Gerät zum Öffnen von Marmeladengläsern herstellen und in großen Geschäften verkaufen?

Auch hier haben Sie diese Option.

Es erfordert ein wenig Arbeit - und deshalb empfehle ich, zuerst ein Online-Geschäft aufzubauen und dieses zu verwenden, um sich selbst zu booten (obwohl wir sehen werden, wie Sie die Notwendigkeit vermeiden können, dies auch zu tun).

Letztendlich ist das Web jedoch der „große Equalizer" und hat die Lücke bei der Erstellung von Hardware in vielerlei Hinsicht geschlossen. Es ist jetzt mehr denn je möglich, dies alles nicht nur bequem von zu Hause aus zu tun, ohne jemals einen Fuß nach draußen zu setzen. Sie können Ihre Fertigung auslagern,

Ihren Versand und Ihre Lagerung auslagern und Ihr gesamtes Marketing und Ihren Verkauf über das Internet erledigen.

Heutzutage kann nur eine Person mit einem physischen Produkt die gleiche Wirkung erzielen wie ein großes Unternehmen. Und es wird sich in Zukunft nur noch mehr in diese Richtung bewegen. Und tatsächlich ist das eine unglaubliche Sache.

Derzeit findet eine echte Hardware-Revolution statt. Werden Sie sich engagieren?

KAPITEL 2

EINIGE SEHR EINFACHE MÖGLICHKEITEN EINFACHE
PRODUKTE ZU ERSTELLEN

In diesem Buch wird alles behandelt, was Sie wissen müssen, um eine Idee zu entwickeln und diese dann bis zur Vermarktung und Herstellung / zum Verkauf zu bringen.

Bevor wir uns jedoch mit den technischen und ehrgeizigen Dingen befassen, schauen wir uns zunächst die einfachen Dinge an. Wenn Sie ein physisches Produkt erstellen möchten, das von einer vorhandenen Webseite verkauft werden soll - nur um zusätzliche Gewinne zu erzielen und möglicherweise Ihre Marke zu stärken (es sieht immer sehr "professionell" aus, wenn Sie Ihre eigenen physischen Produkte haben), gibt es verschiedene Möglichkeiten das jetzt, ohne eine Menge neuer Fähigkeiten zu erlernen oder Geld zu investieren zu tun.

Schauen wir uns einige Möglichkeiten an, wie Sie einen Zeh versuchsweise in die Welt der physischen Produkte eintauchen können.

Physische Bücher

Eine der einfachsten Möglichkeiten, Produkte zu verkaufen, ist der Verkauf physischer Bücher. Wenn Sie bereits ein digitales Produkt wie ein E-Book verkaufen, ist es nur ein kleiner Übergang, eine gedruckte Ausgabe dieses Buches zu verkaufen. Und tatsächlich ist das unglaublich einfach.

Wenn Sie die Datei bereits haben, müssen Sie sie nur nehmen und entweder auf Lulu (www.lulu.com), BoD (www.bod.de; wie dieses Buchprojekt) oder auf den Veröffentlichungsdienst von Amazon hochladen. Dies wird als "Print On Demand" (POD) bezeichnet und bedeutet im Wesentlichen, dass diese Ihre physischen Bücher jedes Mal ausdrucken, wenn jemand eines bestellt.

Wenn Sie ein Buch selbst veröffentlichen möchten, müssen Sie normalerweise Tausende Exemplare des Buches bestellen, um es in einem Lagerhaus aufzubewahren. Dies würde eine große Vorabinvestition bedeuten, und Sie müssten dann alle diese Kopien mit Gewinn verkaufen, um Geld zu verdienen. Das würde bedeuten, zu Einzelhändlern zu gehen, und im Allgemeinen ist es eine Menge Arbeit, die dazu führte, dass im Laufe der Jahre viele Menschen abstürzten und ausbrannten. Alternativ könnten Sie versuchen, einen Verlag zu finden, was bedeuten würde, über einen Agenten zu gehen - und das würde normalerweise zu jahrelangen Ablehnungen führen, bevor Sie einen Deal erhalten. Sogar Harry Potter wurde von mehreren Verlagen abgelehnt, bevor er einen Verlag fand!

Mit POD laden Sie die Dateien einfach auf einen Computer hoch, auf dem die Bücher ausgedruckt werden können. Wenn jemand Ihr Buch bestellt (oder Sie), macht der Drucker einfach eine neue Kopie verkaufsfertig. Es gibt keine Vorabinvestition und kein Risiko, einen Gewinn zu verlieren. Und die einzigen Gemeinkosten sind die Druckkosten (die sehr gering sind) und was auch immer Sie für das Entwerfen eines Deckblatts usw. bezahlt haben.

Kundenspezifische Geschenke

Kundenspezifische Geschenke

Es gibt viele Webseiten im Web, auf denen Sie Artikel erstellen können, auf denen Ihre Marke gedruckt ist. Dazu gehören Webseiten wie Vista Print (www.vistaprint.com) und Spreadshirt (www.spreadshirt.com). Auf diesen Webseiten können Sie mit dem Verkauf von bedruckten T-Shirts oder bedruckten Bechern, Mützen, Mausmatten und vielem mehr beginnen - und alle sehen ohne Ihre Arbeit sehr professionell aus.

Wie bei POD werden diese bei jeder Bestellung gedruckt, was bedeutet, dass Sie nie ein großes Lager für die Waren vorhalten müssen! Sie können nichts besonders Erfinderisches erstellen, aber wenn Sie nur ein physisches Produkt auf Ihre Webseite bringen möchten, ist dies eine weitere einfache Möglichkeit. Darüber hinaus ist diese Route ideal, um Ihre Marke zu stärken. Indem Sie Artikel mit Ihrem Logo verschenken oder verkaufen, steigern Sie die Loyalität Ihrer Kunden, da sie stolz darauf sind,

Ihre Marke zu „branden". Jedes Mal, wenn jemand Ihren benutzerdefinierten Becher oder Ihre Kappe in der Öffentlichkeit verwendet, sehen mehr Menschen **Ihr Logo**!

Und manche Leute schaffen es tatsächlich, eine Menge Geld zu verdienen, indem sie T-Shirts mit lustigen Slogans usw. verkaufen.

Kunsthandwerk

Und raten Sie mal ... es gibt noch eine Möglichkeit, schnell mit dem Verkauf zu beginnen. Es ist ziemlich Retro, aber es funktioniert!

Diese Methode? Fangen Sie einfach an, Dinge von Hand zu machen und online zu verkaufen. Wenn Sie sich The Big Bang Theory ansehen, erinnern Sie sich vielleicht an die Episode „Penny Blossom", in der Penny viele kleine Papierblumen erstellt und online verkauft. Am Ende schafft sie ein menschliches Fließband und minimiert ihre Gemeinkosten. Das Ergebnis ist, dass sie einen guten Gewinn für die Arbeit eines Tages erzielen kann.

Sie können genau das Gleiche tun: Mit einer Webseite zum Verkauf Ihres Produkts und etwas, das Sie relativ einfach in Mas-

senproduktion herstellen können, verfügen Sie über alle Grund-
lagen, die Sie für ein einfaches Online-Geschäft benötigen. Dies
wird noch einfacher durch die Tatsache, dass Sie Ihre Produkte
auch auf Webseiten wie Etsy (www.etsy.com) oder eBay
(www.ebay.com) bewerben können.

Es gibt auch keinen Grund, warum Ihre Artikel überhaupt in Massenproduktion hergestellt werden müssen. Wenn Sie ein kreati-
ver Typ sind und über eine bestimmte Fähigkeit oder ein bestimmtes Handwerk verfügen, das Sie verkaufen können, können Sie mit dem Verkauf von Porträts bei eBay, Karikaturen,
hausgemachtem Schmuck oder sogar Kunstwerken genauso
einfach Geld verdienen. Meine Schwester verließ die Kunsthoch-
schule ohne Arbeit und wurde Verkäuferin. Das war nicht genau
das, was sie wollte, aber es ist ihr egal, denn ihre wahre Leidenschaft liegt darin, atemberaubende Kunstwerke zu machen und
sie nebenbei zu einem sehr schönen kleinen Gewinn sie bei
eBay zu verkaufen.

Versand

Versand

Lassen Sie die Produkte schließlich von jemand anderem entwerfen und herstellen - und sich sogar um den Versand kümmern - und Sie setzen einfach nur Ihr Logo darauf. Das ist eigentlich eine gute Sache! Und es heißt "Drop Shipping". Dies ist ein White-Label-Service, d.h. niemand wird jemals erfahren, dass hier ein anderes Unternehmen beteiligt ist. Die einzige Schwierigkeit besteht darin, Unternehmen zu finden, die dies anbieten. Probieren Sie WorldWideBrands (www.worldwide-brands.com) oder Alibabab (www.alibaba.com) aus, um Unternehmen zu finden, die dies tun.

KAPITEL 3

EINE WEITERE EINFACHE OPTION - 3D-DRUCK

Eine weitere einfache Option, die jetzt eine moderne Technologie nutzt, ist der 3D-Druck. 3D-Druck ist im Grunde wie jede andere Art des Druckens, außer dass Sie jetzt anstelle des Druckens auf Papier tatsächliche 3D-Objekte drucken!

Diese Objekte können aus Kunststoff, Metall, Holz, Porzellan und vielem mehr hergestellt werden. Sie benötigen lediglich das Rohmaterial (das häufig die Form eines dünnen Rohrs hat) und eine 3D-Datei, die als CAD-Datei (Computer Aided Design) bezeichnet wird. Die Datei enthält dem 3D-Drucker detaillierte Anweisungen zur Herstellung des Artikels. Der Drucker schmilzt das Material und zeichnet es schichtweise. Dabei baut es das feste Objekt langsam aus dem Boden auf.

Dies bedeutet, dass Sie Ihr Produkt, solange es relativ einfach ist, aus dem Nichts „drucken" können, ohne dass eine komplexe Herstellung oder Montage erforderlich ist. Es gibt Webseiten, auf denen Sie dies tun können, z. B. Shapeways (www.shapeways.com). Um Shapeways zu verwenden, müssen Sie lediglich Ihre CAD-Datei senden und dann Ihr Material auswählen. Auf diese Weise können Sie buchstäblich alles machen, was Sie sich vorstellen können. Und wenn Ihr Produkt mehr als ein Teil hat oder wenn es mehr als ein Material verwendet, können Sie diese beiden Materialien oder zwei Farben als letzte Produktionsstufe einfach selbst von Hand anbringen.

Insbesondere Shapeways hat tatsächlich einen langen Weg zurückgelegt. Heutzutage bietet es mehr Optionen wie Drohnen-Teile und ermöglicht es Ihnen sogar, direkt auf der Webseite ein eigenes Geschäft zu eröffnen, um mit dem Verkauf zu beginnen. Sie können auch durchsuchen, was andere Leute gemacht haben.

Die anderen guten Nachrichten? Es ist tatsächlich möglich, 3D-Drucker für Ihr eigenes Zuhause zu kaufen. Diese sind mittlerweile günstig und der Betrag, den Sie ausgeben, hängt wirklich davon ab, was Sie möchten. Die Produkte reichen von Formlabs Form 2 (für mehrere Tausend) bis CHINA A8 für etwas mehr als 100 bis 200 US-Dollar. Wenn Sie winzige Plastikspielzeuge herstellen möchten, sind diese billigen 3D-Desktopdrucker wahrscheinlich genug. Wenn Sie ein vollwertiges Unternehmen führen möchten, müssen Sie in einen größeren Drucker investieren.

Wenn Sie nach einer Auswahl von 3D-Druckern suchen, ist Makerbot möglicherweise der beste Ausgangspunkt. Dies ist eine Marke, die eine breite Palette von Druckern herstellt, die alle großartige Bewertungen erhalten und den Herausforderungen, die Sie ihnen stellen, mehr als gewachsen sind. Besuchen Sie www.makerbot.com.

Mit einem einfachen Tool wie diesem und möglicherweise einem E-Commerce-Shop auf Ihrer Webseite können Sie einfache 3D-Produkte von Ihrer Webseite aus verkaufen. Das können Dinge wie Handyhüllen, Tablet-Ständer, Schlüsselringe, Spielzeug / Figuren, Schreibtisch-Caddies sein. Sie können dann einfach jede eingehende Bestellung ausdrucken und mit einem erheblichen Gewinn verschicken.

Das Geschäftsmodell der Telefonhülle ist in der Tat sehr beliebt und eines, mit dem viele Menschen viel Geld verdienen.

Erste Schritte mit der 3D-Modellierung: Rhinoceros 3D

Bevor dies jedoch ein tragfähiges Geschäftsmodell für Sie sein kann, müssen Sie zunächst lernen, wie Sie diese 3D-CAD-Dateien erstellen. Dies bedeutet im Grunde nur, dass Sie eine Software verwenden, genau wie Sie Photoshop verwenden würden, um ein professionelles Bild zu erstellen.

Die guten Nachrichten? Es gibt viel freie Software und auch viel billige Software. Eine großartige Option ist Rhinoceros oder "Rhino 3D" (www.rhino3d.com) und eine andere ist "Blender" (www.blender.org). Lassen Sie uns einen Blick darauf werfen, wie Sie mit Rhino 3D beginnen würden und was Sie hier lernen, dass sollte relativ einfach auf die CAD-Software Ihrer Wahl anzuwenden sein. Was Ihnen bleibt, ist eine Datei, die Sie entweder zum Drucken an Shapeways senden oder zu Hause auf einem 3D-Drucker ausdrucken können.

Diese Fähigkeiten werden Sie später auch benötigen - wenn es um Prototypen und sogar Fertigung geht. Selbst wenn Ihr Geschäftsmodell keine 3D-Druckprodukte verkauft, empfehle ich Ihnen dringend, dies auszuprobieren. Und es ist wirklich aufregend, ein Modell zu erstellen und dann den fertigen Artikel per Post zu erhalten ...

Wenn Sie die Software laden

Wenn Sie Rhinoceros 3D laden, werden Sie zuerst mit der Option begrüßt, eine Vorlage auszuwählen, mit der Sie die grobe Skala auswählen können, mit der Sie arbeiten möchten. Entscheiden Sie, ob der Artikel, den Sie entwerfen möchten, besser bedient werden kann, indem Sie ihn in Zentimetern oder Millimetern messen, und wählen Sie das dann entsprechend aus. Beachten Sie jedoch, dass Sie zu Beginn unter Ansicht> Rasteroptionen dies speziell ändern und den Abstand zwischen den Quadraten in Ihrem Raster festlegen können. Dies ist sehr nützlich, wenn Sie Prototypen erstellen, da Sie damit Bilder einer bestimmten Größe sehr genau und bequem erstellen können.

Jetzt werden Sie von vier Bedienfeldern begrüßt, die Ihnen Ihre Draufsicht, Vorderansicht, rechte Ansicht und 'perspektivische

Ansicht' geben. Die ersten drei sind schematische Ansichten, mit denen Sie die Form von Bildern genau messen können, während Sie mit der oberen rechten Ansicht Ihr Bild in 3D drehen können. Wenn Sie sehen möchten, wie es als festes Objekt aussehen würde, wählen Sie diese Ansicht aus und klicken Sie auf "Rendern" oder "Schatten", um eine Vorschau des Aussehens anzuzeigen. Durch Klicken auf eine Ebene können Sie in der Zwischenzeit die Materialien und Farben bearbeiten, für die Ihr Objekt gleichmäßig festgelegte Texturen verwendet, damit Ihr Objekt eher wie ein echtes 3D-Objekt als wie ein Teigblock aussieht.

Anfangen

Um zu beginnen, möchten Sie wahrscheinlich eine Ansicht auswählen, in der Sie arbeiten möchten. Sie können auf den Titel einer beliebigen Ansicht doppelklicken, um sie zu erweitern, um den gesamten Bildschirm auszufüllen, und erneut klicken, um zur Ansicht mit vier Ebenen zu wechseln.

Jetzt beginnen Sie mit dem Zeichnen auf dem Raster. Dazu können Sie einzelne Linien, Formen oder 3D-Objekte zeichnen, indem Sie das Werkzeug in der linken Symbolleiste oder oben auswählen. Durch das Zeichnen einzelner Linien haben Sie die größte Kontrolle. Um dies zu verwenden, sollten Sie "Nah" (ein Kontrollkästchen am unteren Bildschirmrand) auswählen, damit die Linien an derselben Stelle beginnen und enden, an der Sie

sie das möchten. Haben Sie winzige Lücken zwischen den Linien, was sehr frustrierend ist, wenn Sie versuchen, diese Lücken zu verbinden. Halten Sie beim Ziehen die Umschalttaste gedrückt, wenn Ihre Linie vollständig gerade sein soll.

Going 3D...

Zeichnen Sie sich zunächst eine Box oder ein Dreieck oder was auch immer, und jetzt möchten Sie daraus ein dreidimensionales Objekt machen. Dazu haben Sie mehrere Objekte. Wählen Sie zuerst alle Linien aus und klicken Sie links unten auf "Kombinieren" (es sieht aus wie ein Puzzleteil). Dadurch wird ein flacher Umriss. Um diesen Umriss nach oben zu ziehen, um eine Box oder eine Ummantelung zu erstellen, klicken Sie auf "Planare Oberfläche extrudieren" und dann auf Ihre neue Form, um sie entlang der Y-Achse nach oben oder unten zu ziehen. Dieses Objekt ist hohl. Um es zu schließen, klicken Sie auf "Planare Löcher verschließen", um es in eine Box oder Pyramide zu verwandeln.

Eine andere Möglichkeit besteht darin, die Ansichten einfach zu ändern und die anderen Seiten manuell nach oben und oben zu zeichnen. Solange Sie alle Seiten verbinden, können Sie erneut kombinieren und dann Oberfläche> Kurvennetzwerk auswählen, um diese Linien in eine Pyramide zu verwandeln - aber denken Sie daran, die Kappe auch wieder zu verwenden.

Wenn Sie eine der schickeren Fähigkeiten von Rhino nutzen möchten, wählen Sie Ihre Form aus und geben Sie "Drehen" in das Befehlsfeld ein (Sie können viele Funktionen lernen, indem Sie hier herumspielen). Zeichnen Sie nun die Linie, entlang der Sie Ihr Objekt drehen möchten, und wählen Sie dann die Grade aus. Geben Sie 360 Grad ein und Sie werden ein Rohr aus Ihrer Form machen - so machen Sie Dinge wie Vasen, Tassen und Zylinder.

Spielen Sie herum und erstellen Sie einige Formen. Ziehen Sie sie dann, um sie zu überlappen (stellen Sie sicher, dass es sich um feste Formen und nicht nur um Umrisse handelt), da Sie "Boolean Union" auswählen, um diese beiden Formen zu einer Form zu kombinieren. Und mit nur diesem Grundwissen können Sie so ziemlich loslegen ...

KAPITEL 4

IDEEN UND GEISTIGES EIGENTUM

Okay, wir hatten Spaß mit handgefertigten Produkten und 3D-Druckprodukten. Einige Leute werden glücklich sein, dort anzuhalten und ihren Lebensunterhalt mit dem Verkauf solcher Gegenstände zu verdienen.

Aber wenn Sie die Welt wirklich im Sturm erobern wollen, müssen Sie im Allgemeinen etwas Einzigartigeres schaffen und es in ausreichenden Mengen in Massenproduktion herstellen, damit Sie es in die Läden bringen und starten können viel Geld damit verdienen.

Wo fangen wir an??

<u>Natürlich fangen wir mit der Idee an.</u>

Dies wird für manche Menschen der schwierigste Teil sein und ist oft der Stolperstein. Um etwas zu schaffen, das erfolgreich sein wird, benötigen Sie eine einzigartige Idee mit einem Alleinstellungsmerkmal. Sie werden wahrscheinlich nicht in der Lage sein, mit den großen Unternehmen in Bezug auf Preis oder Marketing zu konkurrieren. Sie müssen sich also etwas Originelles einfallen lassen oder ein geschicktes Marketing einsetzen.

Um etwas Originelles zu finden, sollten Sie dennoch versuchen, über die "Käuferpersönlichkeit" nachzudenken - die Personen, auf die Sie mit Ihren Artikeln abzielen. Zu welchen Märkten haben Sie einen guten Zugang? Welche Kanäle können Sie nutzen, um Ihre Artikel in die reale Welt zu bringen? Sobald Sie das wissen, können Sie darüber nachdenken, welches Produkt in welcher Produktkategorie Sie erstellen möchten.

Und es ist immer am besten, das zu erstellen, was Sie wissen. Mit anderen Worten, Fitnessprodukte werden am besten von den echten Fitnessfreaks entworfen!

Sie können auch versuchen, in einer bestimmten Nische neue Ideen zu entwickeln, indem Sie zwei frühere erfolgreiche Produkte kombinieren. Denken Sie alternativ an etwas wirklich Cooles, das zweifellos jeder möchte, aber noch nicht möglich ist - und versuchen Sie dann herauszufinden, was dem am Nächsten kommt, das Sie machen könnten.

Wenn dies jedoch nicht funktioniert, können Sie ein bewährtes Produkt erstellen, an diesem Ansatz ist eigentlich nichts auszusetzen. Wenn Sie ein engagiertes Publikum auf Ihrer Webseite haben oder wenn Sie in der Lage sind, Ihre Produkte billig zu beziehen, können Sie sich einfach selbst vermarkten und etwas mit Ihrem einzigartigen Design oder Ihren einzigartigen Logos usw. verkaufen.

Ihr Produkt Designen

Es reicht jedoch nicht aus, nur eine Idee zu haben. Was Sie auch entwickeln müssen, ist ein tatsächliches Produkt - und Sie müssen wissen wie diese Idee funktionieren wird.

Design-Ingenieur

Sobald Sie Ihr Design auf Papier erstellt haben, müssen Sie darüber nachdenken, wie es tatsächlich funktioniert und wie Sie es produzieren können. Geben Sie in der Suchmaschine ein: Design Engineering. Design Engineering lässt sich vielleicht am besten als der Knotenpunkt erklären, an dem Design und Engineering aufeinandertreffen. Mit anderen Worten, hier verschwimmt die Grenze zwischen Form und Funktion und technische Entscheidungen wirken sich direkt auf das Produkt und die Funktionalität des Prozesses aus.

Industriedesigner sind häufig für die ästhetischen und ergonomischen Aspekte eines Entwurfs verantwortlich, während der Konstrukteur dann mit den Ingenieuren und Designern zusammenarbeitet, um eine viel detailliertere Reihe von Entwürfen zu erstellen, in denen dargelegt wird, wie all dies funktionieren wird.

Wenn Sie sich ein neues Produkt vorstellen, ist es leicht zu erkennen, warum zwischen den Designern und den Ingenieuren ein Hin und Her stattfinden muss. Stellen Sie sich zum Beispiel einen neuen Computer vor - das Designteam hat vielleicht eine Idee, wie dieser aussehen und mit dem Benutzer interagieren soll, aber sie werden von den Elektronikingenieuren eingeschränkt, die wissen, wie groß die Komponenten sein werden, wie heiß das Gerät wird usw.

Die Konstruktion erfolgt häufig dem „Konstruktionsprozess", der aus mehreren Schritten besteht.

Zuerst wird die Forschung kommen, bei der die Literatur und Forschung in Bezug auf den Zielmarkt, frühere Produkte usw. betrachtet werden. Von hier aus wird die Machbarkeit kommen. An diesem Punkt wird die Machbarkeit des vorgeschlagenen Projekts mit den zusätzlichen Informationen diskutiert, die jetzt von der Forschung bereitgestellt werden. Eine Machbarkeitsstudie definiert ein Projekt nicht einfach als machbar oder nicht - sondern untersucht auch, wie es geändert werden kann, um unter das Budget zu fallen / funktionsfähig zu sein usw. Dies schränkt den Umfang des Projekts ein und führt zu einer weiteren Entwurfsphase.

Die Konzeptualisierung beginnt als nächstes und umfasst normalerweise eine Konzeptstudie, in der das Projekt geplant und verschiedene Ideen diskutiert werden. Diese Schritte tragen dazu bei, Fehler zu minimieren und letztendlich die Erfolgschancen des Projekts zu verbessern.

Manchmal werden verschiedene Tools verwendet, um diese Phase zu unterstützen. Diese Tools sollen die Ideenfindung unterstützen und so den Fluss neuer Ideen durch Trigger Wörter, Brainstorming und Synektik fördern.

Produktion

Von hier aus legen Sie dann die Entwurfsanforderungen fest und erstellen dann einen vorläufigen Entwurf mit den grundlegenden Schaltplänen, Diagrammen und Layouts. Wenn dies erfolgreich ist, kann das vorläufige Design in ein detailliertes Design übergehen, das auch die Erstellung von Prototypen, Modellen und Zeichnungen umfassen kann.

In dieser Phase kann CAD (Computer Aided Design) verwendet werden, um das Projekt in gewissem Umfang einem Stresstest zu unterziehen und Wege zu finden, um die Kosten durch Entfernen von Materialien zu senken, ohne die Belastbarkeit zu beeinträchtigen. Schließlich geht es weiter mit der Produktionsplanung und dem Werkzeugdesign (der Erstellung der für die Produktion benötigten Werkzeuge) und schließlich mit der Produktion des Projekts.

Dies mag wie ein langwieriger Prozess erscheinen, aber letztendlich sind es diese entscheidenden Phasen, die dazu beitragen, Probleme auf der ganzen Linie zu vermeiden und somit die Gewinne hoch zu halten.

Beginnen Sie zu spüren, wie Ihr Stresslevel steigt? Machen Sie sich keine Sorgen! Ich habe hier die gesamte technische Terminologie verwendet, um sicherzustellen, dass Sie den Prozess im Detail verstehen und ihn bei Bedarf diskutieren können (siehe nächstes Kapitel). Wenn Sie jedoch vorhaben, alles selbst herzustellen, reicht es tatsächlich aus, all diese Dinge „vage" zu erledigen. Überlegen Sie sich einfach Ihre Idee und stellen Sie sicher, dass Sie es entwerfen, wie es tatsächlich aussehen soll und wie ihre Funktion im Formular informieren wird.

Auslagerung des Designprozesses

Haben sie immer noch Kopfschmerzen? Machen sie sich keine Sorgen, ich habe sie geweckt. Es ist tatsächlich möglich, den Prozess des Entwerfens Ihres Projekts auszulagern und genauer gesagt - Crowdsourcing " (was bedeutet, dass viele Leute Ideen einreichen).

CrowdSpring (www.crowdspring.com) ist beispielsweise eine Webseite, auf der Sie Designer für Ihre Projekte finden können, die bereits ab 7 US-Dollar erhältlich sind. Wenn Sie also Ihre Idee haben und nicht sicher sind, wie Sie daraus eine CAD-Datei machen können, die Sie tatsächlich verwenden können, gehen Sie einfach hierher, um genau das zu erhalten, was Sie brauchen! Die Plattform richtet sich speziell an kleine Unternehmen und Unternehmer (wie Sie!) Und hat einige beliebte Produkte wie das Diet Wizard Wristband von Bluenova zum Leben erweckt.

Eine ähnliche Option ist CAD Crowd (www.cadcrowd.com). Auf diese Weise können Sie Wettbewerbe für CAD-Designer durchführen, bei denen Sie nur Ihren Lieblingsdesigner bezahlen, sobald mehrere Optionen eingereicht wurden. Es gibt jedoch auch eine traditionellere Möglichkeit, stundenweise zu zahlen.

Eine der besten Seiten für Anfänger ist Idea Bounty (www.ideabounty.com), eine Webseite, auf der Sie über bestimmte Ideen und Designs diskutieren können. Wenn Sie nur eine Spezifikation haben und keine Ahnung haben, wie Sie vorgehen sollen, kann Ihnen diese Webseite weiterhelfen. Auch hier zahlen Sie nur die Personen, die die Ressourcen bereitstellen, die Sie verwenden möchten. Unzählige große Marken haben diese Webseite ebenfalls genutzt, darunter Top Gear (die auf dieser Webseite Ideen für Covermounts für ihr britisches Magazin entwickelte).

Und für alles andere - Verpackung, Branding usw. - können Sie immer das beliebte 99Designs.com verwenden.

Ist Ihre Idee rentabel?

Eine großartige Idee zu haben, sollte man niemals unterschätzen. Mit der richtigen Idee haben Sie nicht nur die Kraft, Ihr Leben und das anderer zu verändern, sondern auch die Kraft, die Welt zu verändern. Die richtige Idee kann Sie leidenschaftlich machen, Sie reich machen und Ihr Leben auf vielfältige Weise einfacher und besser machen. Im Moment haben wir eine Vorstellung davon, was möglich ist und was nicht, aber wenn wir eine neue Idee, eine neue Lösung für ein gemeinsames Problem, entwickeln, können wir diese Definition ändern, indem wir neue Wege schaffen, um Dinge zu tun, und sogar ganz neue Dinge tun.

Wenn Sie jedoch ein Unternehmen auf der Grundlage Ihrer Idee gründen möchten, reicht es nicht aus, dass es einfach nützlich oder sogar transformativ ist - Ihre Idee muss auch rentabel sein.

Das bedeutet, dass Ihre Idee wirtschaftlich tragfähig sein muss - Sie müssen in der Lage sein, sie kostengünstig zu erstellen, damit Sie einen angemessenen Preis dafür berechnen und dennoch einen Gewinn erzielen können. Ebenso muss Ihre Idee für andere Menschen so attraktiv sein, dass sie bereit sind, so viel dafür zu bezahlen wie Sie benötigen - und Sie müssen möglicherweise auch mit Kreditgebern und Investoren sprechen, damit Sie finanzielle Unterstützung erhalten, um fortzufahren zu können.

Woher wissen Sie also, ob Ihre Idee wirklich ein mögliches Geschäft ist? Woher wissen Sie, ob Ihre Idee rentabel ist?

Kosten pro Einheit

Um zu entscheiden, ob Ihr Unternehmen rentabel sein wird oder nicht, müssen Sie insbesondere zwei Dinge betrachten: Ihre Kosten pro Einheit, aus denen hervorgeht, wie viel die Herstellung kosten wird, und Ihren Preis.

Für diese erste Zahl - die Kosten pro Einheit - müssen Sie sicherstellen, dass Sie jede einzelne Ausgabe berücksichtigen, die Sie für die Erstellung Ihrer Produkte benötigen. Das bedeutet nicht nur, über die Herstellungskosten des Artikels selbst nachzudenken (die Sie von Ihrem Fertigungsunternehmen erhalten können), sondern auch herauszufinden, wie viel Verpackung und

Anleitung kosten und wie viel Sie für die Führung Ihres Unternehmens ausgeben werden die Zeit und Arbeit, und wie viel es kostet, Ihren Artikel zu liefern.

Ebenso müssen Sie über Marketing nachdenken, wie viel Geld möchten Sie für die Bekanntmachung Ihres Produkts ausgeben?

Preisgestaltung

Sobald Sie das Wissen, ist es an der Zeit, einen Preis zu ermitteln und zu prüfen, ob am Ende des Tages noch ein Gewinn für Sie übrig ist. Denken Sie daran, dass Sie zwei Preise berechnen müssen - einen als Großhandelspreis, den Sie Wiederverkäufern anbieten, und einen als UVP, den Endbenutzer für Ihren Artikel zahlen. Denken Sie daran, dass jeder in dieser Kette auch einen Gewinn erzielen muss und dass Sie Ihren Preis wettbewerbsfähig halten und Marktforschung betreiben müssen, um sicherzustellen, dass die Menschen bereit sind, ihn zu zahlen.

Wenn Sie diese Zahlen eingeben, um festzustellen, dass Ihr Produkt Ihnen kein Geld einbringt, lassen Sie sich nicht entmutigen - indem Sie einige Elemente optimieren, Sie können normalerweise Ihre Margen erhöhen. Und es ist besser, jetzt als später herauszufinden!

KAPITEL 5

VORBEREITUNG IHRER IDEE - PROTOTYPING,
IP-SCHUTZ UND FOKUSGRUPPEN

Jetzt haben Sie eine Idee, von der Sie glauben, dass sie sich verkaufen lässt. Sie haben ungefähr herausgefunden, welchen Gewinn Sie damit erzielen können, und Sie haben sogar eine 3D-CAD-Datei bereit, die Sie an diejenigen senden können, die daran interessiert sind, Ihre Idee zu verwirklichen.

Prototyp entwickeln

In dieser Phase ist es immer eine gute Idee, einen Prototyp zu erstellen. Es gibt zahlreiche Möglichkeiten, dies zu tun, von Gesprächen mit einem Hersteller (dazu später mehr) über die Verwendung des 3D-Drucks bis hin zur Erstellung eines eigenen Prototyps von Grund auf neu, wenn Sie über die DIY-Fähigkeiten und die erforderlichen Materialien verfügen! Dies ist praktisch für die Fokusgruppen (nächste Stufe) und auch nur, damit Sie eine Vorstellung davon bekommen, wie dies alles funktioniert und ob Sie sich positiv über Ihr Produkt fühlen. Prototypen können auch Probleme ans Licht bringen, die möglicherweise nicht allein aus der CAD-Datei ersichtlich sind.

Fokusgruppen und Marktforschung

Sobald Sie Ihren Prototyp haben, ist es eine gute Idee, in dieser Phase Fokusgruppen zu verwenden oder andere Marktforschungen durchzuführen. Dies bedeutet zu untersuchen, wie sich andere Produkte auf dem Markt entwickeln und wer Ihre Käuferpersönlichkeit ist. Gleichzeitig möchten Sie möglicherweise eine tatsächliche Fokusgruppe für Ihr Produkt erstellen. Dies bedeutet, dass Sie einen Veranstaltungsort erstellen, Menschen zusammenbringen und Feedback von ihnen zu Ihrem Produkt erhalten. Dies ist eine sehr gute Strategie, da Sie so sehen können, wie Menschen persönlich auf Ihr Produkt reagieren. Auch hier kann es schmerzhaft sein, zu diesem Zeitpunkt etwas über Ihre Idee zu erfahren, aber es ist besser, dies jetzt als später herauszufinden!

Sie können dann das Feedback, das Sie erhalten, verwenden, um Ihr Produktdesign zu wiederholen. Ebenso können Sie positive Antworten aufzeichnen und diese als Beweis dafür verwenden, dass Ihr Produkt Beine hat, wenn Sie versuchen, einen Lizenzvertrag oder eine Finanzierung zu erhalten (siehe nachfolgende Kapitel).

Schützen Sie Ihr Intellektuelles Eigentum

An diesem Punkt könnten Sie sich Sorgen machen. Sie haben eine großartige Idee, ein großartiges Design und sind bereit zu starten.

Sollten Sie das wirklich an Hersteller senden? Fokusgruppen zeigen? Was kann jemanden davon abhalten, Ihre Idee einfach für sich zu nutzen?

Natürlich ist dies ein echtes Problem, daher müssen Sie über das Recht des geistigen Eigentums nachdenken und darüber, was Sie tun können, um sich selbst zu schützen.

5 Arten von Gesetzen zum Schutz des geistigen Eigentums, die Sie kennen müssen

1 & 2 Patente

Wenn es um Hardware geht, ist die wichtigste Form des Schutzes des geistigen Eigentums zweifellos das Patent. Über die Patente über die Apple und Samsung so öffentlich umstritten sind.

Patente schützen physische Kreationen, sie schützen Medikamente und sie schützen Designs. Insbesondere schützen sie jedoch die Ausführungsmethode im Gegensatz zur ursprünglichen Idee. Um dies zu demonstrieren, sollten Sie berücksichtigen, dass der Erfinder des Stuhls weder Stühle patentieren konnte noch „etwas, auf dem Sie sitzen". Möglicherweise hatten sie jedoch mehr Glück beim Schutz von „etwas, auf dem Sie mit vier Beinen und einem Rücken sitzen".

Als Hersteller können Sie dann ein Patent verwenden, um die Design- / Konstruktionsinnovationen zu schützen, die Ihr Produkt ermöglicht haben, und nicht das Produkt selbst.

Die beiden Arten von Patenten sind Geschmacksmuster und Gebrauchsmuster, die Geschmacksmuster bzw. Gebrauchsmuster schützen. Mit anderen Worten, wenn Sie ein Smartphone haben, würde das Designpatent das Aussehen des Telefons schützen, während das Gebrauchsmuster die Aufnahme eines neuen Chips schützen würde. Leider ist es für Designer ein komplexer, teurer und langsamer Prozess, ein Patent zu erhalten, und Ihre Ideen werden nur in bestimmten Regionen geschützt. Sie laufen ebenfalls ab (20 Jahre für Gebrauchsmuster und 14 Jahre für Geschmacksmuster) und können nicht auf unbestimmte Zeit verlängert werden.

Weitere Informationen zu Patenten erhalten Sie beim Deutschen Patent- und Markenamt in München unter der Internetadresse https://www.dpma.de .

3 Urheberrecht

Das Urheberrecht gilt weniger für Hersteller, kann aber dennoch eine Rolle spielen. Das Urheberrecht schützt Geschichten, Schriften, Musik und sogar Code in gewissem Maße. Mit anderen Worten, ein Urheberrecht schützt kreative Aktivitäten und tritt in Kraft, sobald Sie etwas erledigen. Wenn Sie also einen Klappentext für Ihr neues Produkt schreiben, wird dieser Klappentext sofort urheberrechtlich geschützt, und Sie können mit rechtlichen Schritten drohen, wenn jemand ihn gegen Ihren Willen veröffentlicht. Dies bedeutet auch, dass Sie nicht einfach ein Bild von Google Images nehmen und es in Ihrem Paketdesign oder auf Ihrer Webseite verwenden können. Die größte Herausforderung beim Urheberrecht besteht darin, zu beweisen, dass die Idee ursprünglich von Ihnen stammt. Auch hier finden Sie viel mehr Informationen im Büro für geistiges Eigentum.

4 Warenzeichen

Eine Marke ist ein Name oder ein Bild, unter dem Sie handeln und mit dem Sie Ihr Unternehmen oder Ihre Produkte identifizieren können. Das könnte dann Ihren Firmennamen oder Ihre Produkte oder sogar einen Zweig Ihres Unternehmens bedeuten. Microsoft ist beispielsweise eine Marke, aber Windows, Xbox und Surface sind ebenfalls Marken von Microsoft.

Marken sind relativ einfach zu erwerben und kosten ein paar hundert Dollar, was Sie 10 Jahre lang schützt. Es lohnt sich immer, eine Suche durchzuführen, bevor Sie neue Produkte erstellen, falls jemand bereits die Rechte besitzen sollte. Das können Sie hier machen.

5 NDA

Eine NDA ist eine „Geheimhaltungsvereinbarung". Dies ist ein Vertrag, mit dem verhindert wird, dass andere über Ihre Ideen sprechen. Dies bedeutet wiederum, dass Sie mit Geschäftspartnern und Mitarbeitern frei über Ihre Projekte sprechen können. In der Regel befindet sich eine NDA im Formularvertrag und enthält eine Liste von Dingen, die Sie außerhalb des Meetings erwähnen können und nicht.

Heutzutage verwenden viele seriöse Unternehmen und Start-ups keine NDAs, und Sie können riskieren, unprofessionell auszusehen, wenn Sie dies zu stark vorantreiben. In der Regel haben Personen, mit denen Sie sich beraten, ihre eigenen Ideen und Pläne und möchten Ihre nicht stehlen. Darüber hinaus mangelt es nicht an Ideen - es ist die Fähigkeit, durchzuhalten.

Wie bei den meisten Dingen ist die beste Form des Schutzes einfach, der Erste und der Beste zu sein. Niemand wird sich an die Nachahmer erinnern. Irgendwann müssen Sie nur noch anfangen, Ihre Idee herauszubringen und voranzutreiben. Den Sprung wagen!

KAPITEL 6

AUSWEICHEN FERTIGUNG MIT
LIZENZVEREINBARUNGEN

Was reizt Sie daran, Unternehmer oder Erfinder zu sein? Für die meisten von uns hat das nicht unbedingt mit dem Geld zu tun, oder sogar mit der Tatsache, dass wir unser Chef sein können. Für die Mehrheit kommt es auf die kreative Freiheit, die Freude am Erfinden und Schaffen und die unglaubliche Zufriedenheit an, die entsteht, wenn wir unsere Produkte in den Regalen und in den Zeitungen sehen. Der Rest - die Finanzierung, die Verpackung, die Auftragserfüllung, die Budgetierung, das Marketing ... alles ist nur ein großer Schmerz im Nacken, der uns daran hindert, das zu tun, was wir wirklich wollen.

Wenn Sie sich so fühlen, sind Sie möglicherweise an einer Lizenzierung interessiert. Wenn Sie eine Idee lizenzieren, die Sie sehen, können Sie die Zeit darauf verwenden, das zu tun, was Sie lieben - zuerst die Ideen zu entwickeln und sie zu testen -, während sich jemand anderes um die feineren Details kümmern muss.

Dies ist Ihre letzte Chance, den eigentlichen Prozess des Herstellens Ihres Produkts selbst zu umgehen. Diese Option unterscheidet sich jedoch ein wenig von der Verwendung von Spreadshirt, da Sie damit etwas völlig Einzigartiges und Neues herstellen können, anstatt sich an eine bewährte Formel zu halten. Und es unterscheidet sich vom 3D-Druck darin, dass Sie die Möglichkeit haben, Massenprodukte herzustellen und sogar Hilfe zu erhalten, um Ihr Produkt in die Läden zu bringen. Wie wir sehen werden, gibt es jedoch Nachteile.

Was ist Lizenzierung?

Wenn Sie eine großartige Idee für ein Produkt haben, stehen Ihnen zwei Wege offen. Entweder bauen Sie ein ganzes Geschäft auf Ihrer Idee auf und investieren in Herstellung, Marketing und den Rest davon (obwohl wir lernen werden, wie dies auf einfachste und billigste Weise möglich ist!), Oder Sie unterzeichnen einen Produktlizenzvertrag, um jemanden zuzulassen, die sonst von Ihnen zu erledigenden Arbeiten in Ihrem Namen auszuführen.

Dies bedeutet, dass Sie einem etablierten Unternehmen die Möglichkeit geben, sich um die Finanzierung und das Marketing zu kümmern, während sie den Gewinn reduzieren, wenn Sie überhaupt auf die Idee kommen. Dies sind großartige Neuigkeiten, wenn Sie nicht viel Geld haben, da dies bedeutet, dass das Risiko viel geringer ist. Aber es kann eine schlechte Strategie sein, wenn Sie am Ende ein Megahit aus Ihren Händen haben - da der Deal im Allgemeinen weniger als 10% des Gewinns bringt.

Ist die Lizenzierung für Sie?

Bevor Sie dann beginnen, fragen Sie sich, ob Sie Geschäftsmann (oder Frau) oder Erfinder werden möchten. Was treibt sie an? Sehen Sie Ihr Produkt in den Regalen und haben Sie mehr Zeit für Ihre Familie? Oder die vollständige Kontrolle über Ihr "Baby" haben und wollen nach den Sternen greifen?

Natürlich muss dies kein Entweder-Oder-Szenario sein, abhängig von der Art der Vereinbarung, die Sie unterzeichnen. Sie können jederzeit ein Produkt lizenzieren, um die Realisierbarkeit Ihrer Ideen zu testen und die Finanzierung für Ihre nächste Idee zu erhalten.

So erhalten Sie einen Lizenzvertrag

Aber nur weil Sie sich für den „einfachen" Weg entschieden haben, heißt das nicht, dass es sich um einen begehbaren Park handelt. Es kann unglaublich schwierig sein, ein Unternehmen dazu zu bringen, ein Risiko für Ihre Idee einzugehen.

Das erste, was Sie tun müssen, ist, Ihre Idee zu schützen. Unabhängig davon, ob dies ein Patent, eine Marke oder ein Urheberrecht bedeutet, sollten Sie dies sofort tun. Dies stellt nicht nur sicher, dass Unternehmen sich nicht dazu entschließen, Ihre Idee zu nutzen, ohne Sie zu bezahlen, sondern zeigt auch, dass Sie ernst meinen und vernünftig sind und sich mit Ihren Dingen auskennen.

Der nächste Schritt ist zu sehen, wie Ihre Erfindung eine ernsthafte Geschäftsmöglichkeit sein kann. Dies bedeutet zu wissen, wie viel es kosten wird Ihr Produkt zu produzieren und welche

Leute bereit sind, dafür zu bezahlen. Es bedeutet, eine demografische Zielgruppe und einen Weg den Markt zu identifizieren. Es bedeutet Marktforschung zu betreiben und den Wettbewerb zu bewerten. Kurz gesagt, Sie müssen mehr als nur eine Idee präsentieren, wenn Sie versuchen zu verkaufen, und Sie müssen zeigen, dass Sie es ernst meinen. Was wir uns im letzten Kapitel angesehen haben, soll Ihnen dabei helfen.

Lernen Sie nun, Ihr Produkt auf überzeugende Weise zu präsentieren und Ihre Rhetorik zu üben. Stellen Sie sicher, dass Ihre Leidenschaft aufkommt und dass Sie Menschen für Ihre Kreationen begeistern können, aber dass Sie auch realistisch und bodenständig wirken. Wenn Sie eine Person in einem Unternehmen identifizieren können, die sich schon früher für Ihr Produkte begeistern konnten, ist dies ein großer Vorteil. Sprechen Sie mit ihnen und lassen Sie sich beraten, wie Sie sich dem Unternehmen nähern können.

Seien Sie schließlich bereit zu scheitern - zumindest zuerst. Lassen Sie sich jedoch nicht entmutigen, versuchen Sie es weiter und lernen Sie aus Ihren Rückschlägen. Wenn Ihre Idee wirklich Beine hat, werden Sie irgendwann jemanden mit der Vision finden.

Für weitere Informationen empfehle ich das Buch „Eine einfache Idee: Verwandeln Sie Ihre Träume in eine lizenzierende Goldmine, während andere die Arbeit tun" von Stephen Key.

KAPITEL 7

EINEN HERSTELLER FINDEN

Okay, Sie haben Ihre Idee, Ihre CAD-Datei, Ihren Schutz und können loslegen. Sie haben sich entschieden, den Lizenzierungsweg nicht einzuschlagen, weil Sie die vollständige Kontrolle über Ihr Produkt behalten und den gesamten Gewinn für Ihr Baby erzielen möchten - und das verständlicherweise!

Wie können Sie den Sprung wagen und ein ehrliches Hardware-Startup mit eigener Fertigung werden?

Sie haben jetzt die Optionen:

- **Hersteller direkt ansprechen**

- **Annäherung an Auftragnehmer**

Ein Auftragnehmer ist natürlich jemand, der für Sie und den Hersteller als Vermittler fungiert. Sie geben alle Mitteilungen weiter und stellen im Allgemeinen sicher, dass Sie Ihre Hand in jeder Phase des Weges halten.

Sie möchten jetzt Vorschläge verschicken, und Sie können dies tun, indem Sie bei Google nach Unternehmen suchen, die Ihren Anforderungen entsprechen, oder auf Messen gehen oder Webseiten besuchen, auf denen alles, was Sie benötigen, an einem einfachen Ort aufgelistet ist. Auf den Webseiten Alibaba (www.alibaba.com) und Thomasen (www.ThomasNet.com - Thomas 'Herstellerregister)

finden Sie beispielsweise zahlreiche Hersteller, aus denen Sie auswählen können. Von dort aus können Sie ganz einfach durchblättern und suchen.

Eine weitere Option ist die ausgezeichnete "Maker's Row" (www.makersrow.com). Der Slogan dieser Webseite lautet „Herstellung leicht gemacht". Wie dies nahelegt, besteht das gesamte Konzept darin, dass diese eine Webseite Ihnen alles bietet, was Sie für den Einstieg an einem praktischen Ort benötigen. Sie haben eine Liste von über 10.000 amerikanischen Herstellern, aber leider müssen Sie bezahlen, um Mitglied zu werden.

Wenn Sie vorhaben, etwas Bestimmtes zu kreieren - beispielsweise Kleidung -, suchen Sie nach einem bestimmten Auftragnehmer. Beispielsweise benötigen Sie möglicherweise einen Be-
kleidungsunternehmer, den Sie unter anderem unter
www.garmentcontractors.org finden (obwohl diese Webseite
dringend aktualisiert werden muss!).

Tim Ferriss sprach mit Shopify
(https://www.shopify.co.uk/blog/7076768-tim-ferriss-on-manufac-
turing-and-prototyping-a-product) und empfahl den Herstellern, viele
Vorschläge an viele Fabriken zu senden und lassen Sie sie alle
wissen, dass Sie mit anderen sprechen. Lassen Sie sie für Ihre
Aufmerksamkeit bieten und versuchen Sie sie, für Ihr Geschäft
zu gewinnen.

Prototyp entwickeln

Jetzt können Sie auch einen Prototyp auf diese Weise herstellen,
indem Sie mit der Fabrik sprechen. Dies ist eine gute Idee, da
Sie dadurch einen Hinweis auf die Qualität Ihres Produkts erhalten und ein „realistischeres" Beispiel für Ihr Produkt erhalten. Mit
anderen Worten, wenn Sie mit Ihrem Artikel zu Kickstarter gehen
(mehr dazu gleich), profitieren Sie davon, dass Sie einen Proof
of Concept vorlegen und erklären können, dass das Produkt, das
Sie vorführen, bereits von einem Hersteller hergestellt wurde!

Der Antrag

Okay, jetzt müssen Sie Ihre Vorschläge senden ... was senden Sie? Glücklicherweise haben wir zu diesem Zeitpunkt bereits alle erforderlichen Schritte durchlaufen, sodass Sie die meisten Materialien, die Sie in Ihren Vorschlag aufnehmen müssen, bereithalten sollten. Folgendes müssen Sie senden:

Definieren Sie Ihr Produkt

Der erste und wichtigste Schritt in Ihrem Herstellungsprozess ist die Definition Ihres Produkts. Mit anderen Worten, Sie müssen genau wissen, was Sie machen, damit die Hersteller wissen können, ob sie Ihnen helfen können oder nicht. Dies bedeutet, dass Sie die genauen Materialien kennen und wissen müssen, wie sie zusammengebaut werden.

Zu Beginn möchten Sie möglicherweise eine Funktionsspezifikation oder ein Produktanforderungsdokument erstellen. Dies muss nur ein Word-Dokument sein, aber die Grundidee ist, dass Sie alle materiellen und immateriellen Werte so kurz wie möglich beschreiben. Dies kann bedeuten, dass Sie sagen, wie lange Ihre Batterie halten soll, oder dass Sie sagen möchten, wie wasserdicht sie sein soll. Für wen ist das? Wie soll die Benutzeroberfläche sein?

Dies sind einige besondere Punkte, die Sie miteinschließen sollten:

Sie müssen diese Phase eigentlich nicht durchlaufen, aber wenn Sie nicht das Erste über die Herstellung wissen, bedeutet dieses Dokument, dass Sie von denjenigen, die dies tun, Anleitung und Beratung erhalten können. Es kann auch hilfreich sein für Ihre eigene Planung und für die Strukturierung Ihres eigenen Denkens. Sie können dieses Dokument auch beim Crowdsourcing Ihrer Entwürfe einreichen oder die von Ihnen beauftragten Designer bitten, dies für Sie zu tun!

Stückliste

Jetzt kommt die Stückliste. Die Stückliste enthält eine vollständige Liste aller Materialien und Komponenten, die zur Erstellung Ihres Produkts erforderlich sind. Stellen Sie sich das wie die erste Seite der Montageanleitung vor, die Sie mit Ihren IKEA-Möbeln erhalten - sie sollte jede letzte Schraube und sogar die Farbe enthalten. Für diejenigen, die elektrische Produkte herstellen, benötigen Sie auch eine elektrische Stückliste. Wenn Sie kein DFMA-Experte sind, wenden Sie sich an einen oder fragen Sie Ihren Herstellungspartner. Hier bietet sich das Dokument mit den Funktionsspezifikationen an! Ihre elektrische Stückliste sollte nach Möglichkeit Teilenummern enthalten, oder Sie können diese Details in ein separates Datenblatt für Komponenten aufnehmen.

Technische Dateien

Die technischen Dateien sind die Blaupausen, die Sie häufig mit Software erstellen. Für Kunststoffteile sollten Sie eine CAD-Software (Computer Aided Design) verwenden, um eine 3D-Bilddatei zu erstellen. Für mechanische Teile sollten Sie eine Gerber-Datei für Platinen Layouts verwenden (mit Software wie Cadsoft Eagle). Diese detaillierten Informationen sind erforderlich, damit Ihr Hersteller eine Reihe von Fragen dazu beantworten kann, wie das Produkt hergestellt und ausgeworfen wird, wie das Schrumpfen verwaltet wird usw. Auch hier möchten Sie möglicherweise Hilfe bei diesen schrittweisen Dateien erhalten

Die letzten Schritte

Jetzt kommt der lustige Teil: Halten Sie Ihr Produkt in der Hand und sehen Sie, zum ersten Mal wie es funktioniert! Art von ... Der Prototyp ist wie eine reale "Beta", mit der Sie überprüfen können, ob das Endprodukt wie beabsichtigt aussieht, sich anfühlt und funktioniert. In einer perfekten Welt sollten Sie Ihren Prototyp zusammen mit Ihren Dokumenten so gut wie möglich an den Hersteller senden. Sie können dazu den 3D-Druck verwenden oder ihn sogar von Hand erstellen.

Zusammen mit all dem möchten Sie auch Ihre grobe Bestellschätzung oder MOQ (Mindestbestellmenge) angeben. Dies teilt dem Hersteller mit, wie viele Teile Sie herstellen möchten, dies ist wichtig, da die beste Technik davon abhängt, ob Sie eine kleine oder große Auflage bestellt haben. Darüber hinaus erhalten Sie möglicherweise Mengenrabatte für größere Bestellungen.

Zusammenfassung

Das ist alles, was Sie brauchen, um Ihr Produkt herzustellen und von einer Idee in die Realität umzusetzen. Jetzt kann es hier einige Schritte geben, die Sie nicht vollständig verstehen oder mit denen Sie sich nicht wohl fühlen, aber keine Sorge: Wenn Sie die richtige Person finden, können Sie bei jedem Schritt Hilfe erhalten. Haben Sie keine Angst, mit Menschen zu sprechen und Fragen zu stellen. Jetzt haben Sie die technische Terminologie. Sie sollten feststellen, dass der Einstieg zumindest ein wenig einfacher ist.

KAPITEL 8

FINANZIERUNG

Abgesehen davon, dass dies nicht alles ist, da Sie jetzt ein Produkt haben, das sofort einsatzbereit ist, aber kein tatsächliches Inventar, um mit dem Verkauf zu beginnen. Ach je!

Hier kommt der nächste Schritt ins Spiel: die **Finanzierung** Ihrer Idee. Und es ist wirklich eine ziemlich wichtige Phase.

Top Crowdfunding Seiten

Die guten Nachrichten? Wieder einmal ist das Internet zu unserer Rettung gekommen und hat dies alles so einfach wie möglich gemacht. Insbesondere in diesem Fall werden wir Crowdfunding einsetzen, um unser Geld zu verdienen. Crowdfunding bedeutet einfach, dass wir die Community bitten, unsere Projekte zu finanzieren. Das bekannteste Beispiel hierfür ist Kickstarter (www.kickstarter.com). Das Beste daran ist, dass Sie keinen Prozentsatz Ihres Geschäfts oder Ihrer Gewinne verschenken müssen - Unterstützer auf Crowdsourcing-Webseiten engagieren sich, weil sie Vorbestellungen aufgeben möchten und weil sie möchten, dass Ihre Ideen verwirklicht werden. So entstanden Projekte wie der Oculus Rift.

Einen Investor zu finden bedeutet, einen Teil Ihres Geschäfts zu verschenken. Ein Darlehen zu erhalten bedeutet, ein ernstes Risiko einzugehen. Aber Crowdfunding? Es gibt kein Risiko und keinen Nachteil. Und deshalb können jetzt immer mehr Macher endlich sehen, wie ihre Ideen verwirklicht werden, als dies vorher der Fall gewesen wäre!

Es gibt jedoch auch andere Crowdsourcing-Optionen und andere Finanzierungsoptionen.

Kickstarter

Der naheliegendste Ort, an dem die meisten Leute anfangen werden, ist Kickstarter, die bekannteste Crowdfunding-Seite im Internet und möglicherweise weitgehend verantwortlich für die aktuelle Popularität der Strategie.

Indiegogo

Kickstarter ist zwar der bekannteste und bietet Ihnen Zugang zu den meisten potenziellen Unterstützern. Dies kann jedoch auch insofern eine schlechte Sache sein, als Sie mehr Wettbewerb ausgesetzt sind und strengere Richtlinien befolgen müssen. Indiegogo bietet dann eine etwas leichtere Alternative, bei der Anfänger leichter bemerkt werden können.

Peoplefund.It

Kickstarter regiert das Quartier in den USA, war aber bis vor kurzem für Personen mit Sitz in Großbritannien und Europa weniger zugänglich. Peoplefund.It wollte dies nutzen, indem ich mich auf den britischen Markt konzentrierte, und hat nun eine Nische gefunden, in der Wohltätigkeitsorganisationen Geld sammeln und britische Unternehmer Unterstützung finden können.

Smallknot

Smallknot ist eine relativ junge Crowdfunding-Seite, die sich eher mit Unternehmen als mit Projekten befasst und Benutzer dazu ermutigt, in kleine lokale Organisationen zu investieren.

RocketHub

RocketHub funktioniert weitgehend ähnlich wie Kickstarter, ist jedoch bei Musikern und Philanthropen besonders beliebt geworden.

Beachten Sie, dass Crowdfunding-Sites ihre Nachteile und Einschränkungen haben. Crowdfunding funktioniert beispielsweise nur, wenn Sie das Geld sammeln können, dass Sie sich als Ziel gesetzt haben (zumindest ist dies bei Kickstarter der Fall, Indiegogo hat diese Regel nicht). Diese Plattformen werden auch zunehmend gesättigt, was bedeutet, dass Sie eine sehr gute und einzigartige Idee haben und darüber hinaus viel Werbung machen müssen, um sie Wirklichkeit werden zu lassen.

Andere Finanzierungsmöglichkeiten

Es gibt ebenfalls viel mehr Finanzierungsmöglichkeiten für die Kapitalbeschaffung. Eine Möglichkeit besteht darin, einfach Investoren zu finden, und es gibt viele Webseiten, die Ihnen auch dabei helfen können. Zum Beispiel ist „Angel List" (www.angel-list.com) eine Webseite, die in gewisser Weise ähnlich wie eine Crowdfunding-Webseite funktioniert, mit der Ausnahme, dass die Investoren etwas Geld und einen Teil Ihres Geschäfts erhalten. Sie können Sie jedoch mit kleinen Geldbeträgen unterstützen, was bedeutet, dass Sie sich nicht nur an massiv wohlhabende Einzelpersonen und Unternehmen wenden. Das Erstellen eines Profils auf AngelList ist eine großartige Möglichkeit, sich über Investoren zu informieren und sie Sie kennenlernen zu lassen, auch wenn Sie auf der Webseite nicht nach Geld suchen. Andere Webseiten wie CrowdCube (www.crowdcube.com) und Angels Den (www.angelsden.com) können ähnliche Aufgaben ausführen.

Beachten Sie, dass es auch möglich ist, Finanzmittel in anderen Phasen Ihrer Fertigung zu erhalten. Zum Beispiel können Sie bereits in der Vorbereitungsphase Ihres Unternehmens Finanzmittel von Business Angels und „Accelerators" (siehe Unternehmen wie TandemCap.com und HAX.co) erhalten - dem Punkt, an dem Sie noch Prototypen erstellen!

Startkapital ist das Geld, das Sie erhalten, um Ihre Idee in die Realität umzusetzen - die „Industrialisierungsphase". Zu diesem Zeitpunkt können Sie Geld durch Crowdfunding oder von Investoren erhalten. Danach treten Sie in die „Wachstumsphase" ein. Die Finanzierung in der Wachstumsphase erfolgt in den ersten Jahren Ihres Unternehmens und wird als Finanzierung der Serien A, B und C bezeichnet. Serie A bringt in der Regel zwischen 1 und 10 Millionen US-Dollar ein und ist für Anleger riskanter, da Sie nicht über so viele Daten verfügen, die Ihr Erfolgspotenzial belegen. Dann haben Sie die Serie B, bei der es hauptsächlich um Skalierung geht. In dieser Phase können Sie viel mehr Geld einbringen. Schließlich ist die Serie C für das ausgereifte Geschäft gedacht. Zu diesem Zeitpunkt könnte sogar eine Akquisition geplant sein, was ideal ist, wenn Sie nach einer Ausstiegsstrategie suchen.

Danach folgt der Börsengang oder Ihr Börsengang. An diesem Punkt können Sie Ihr Unternehmen als großen Erfolg betrachten. Ich muss Ihnen nicht mehr helfen!

Finanzierung für kleine Projekte finden

Andernfalls können Sie andere Möglichkeiten finden, um kleinere Projekte zu finanzieren. Eine Option ist das „Bootstrapping", bei dem Sie Kapital aus einem Nebengeschäft verdienen und dieses in Ihre eigene Hardware-Fertigung einfließen lassen. Alternativ können Sie einen Bankkredit erhalten - sogar PayPal (www.paypal.com) bietet jetzt Geschäftskredite an - oder Sie können sogar einen Kreditkartenkredit verwenden…

Stellen Sie einfach sicher, dass Sie den Markt für Ihr Produkt getestet haben und wissen, dass Sie Ihr Geld zurückverdienen, wenn Sie Kredite aufnehmen!

Dann gibt es immer noch die Bank von Mama und Papa oder Freunde und Familie. Wenn Sie eine gute Idee haben, möchten sie vielleicht ein Teil davon sein.

KAPITEL 9

VERKAUFEN SIE IHR PRODUKT

Und jetzt müssen Sie nur noch Ihr Produkt verkaufen! Auch hier haben Sie einige verschiedene Möglichkeiten…

E-Commerce

Natürlich können Sie dies über Ihre eigene Webseite tun, indem Sie eine "Verkaufsseite" oder eher einen E-Commerce-Shop verwenden, der Ihre Webseite in einen Shop verwandelt. Zu den großartigen Tools zum Erstellen von E-Commerce-Shops gehört WooCommerce (www.woothemes.com/woocommerce/), das den Vorteil hat, ein WordPress-Plug-In zu sein und so eine schnelle und einfache Installation zu ermöglichen. Dann gibt es Magento (www.magento.com), für das Sie eine separate eigenständige Seite erstellen müssen. Der Vorteil von Magento ist jedoch, dass es mehr Artikel lagern kann - bis zu 50.000, um genau zu sein. Aber es besteht die Möglichkeit, dass Sie eine Weile nicht ganz in dieser Phase sind! Oder Sie wählen Shopify (www.shopify.com), das gehostet wird. Dies bedeutet, dass Sie ein Konto einrichten und dann einfach von Ihrer Webseite aus darauf verlinken. Es gibt viel mehr E-Commerce-Plattformen, aber eine dieser drei Plattformen sollte Ihnen das meiste bieten, was Sie benötigen.

Wenn Sie ein kleines Projekt und eine prominente Webseite mit viel Verkehr haben, ist dies möglicherweise mehr als ausreichend und Sie müssen möglicherweise keine ernsthafte Finanzierung von Angel-Investoren erhalten. Dies ist die Option "Einfacher Gewinn"!

Annäherung an Käufer

Wenn Sie jedoch etwas ehrgeiziger sind, sollten Sie sich an einen Käufer wenden, was bedeutet, dass Sie Ihr Produkt in die Läden bringen!

So geht's ...

Schritt 1 - Recherchieren Sie

Wenn Sie sich an Einzelhändler wenden, ohne vorher Nachforschungen anzustellen, verschwenden Sie nur die Zeit aller (hauptsächlich Ihrer eigenen). Für den Anfang müssen Sie im Voraus wissen, ob ein Unternehmen überhaupt Produkte wie das Ihre führt, und dafür müssen Sie untersuchen, welche Dinge sie tendenziell verkaufen und wer ihre Hauptabnehmer sind. Eine gute Möglichkeit, potenzielle Verkaufsstellen zu finden, besteht darin, nach Produkten Ihrer Mitbewerber zu suchen und dann zu sehen, wo sie verkauft werden.

Als nächstes sollten Sie alles über diese Geschäfte erfahren, was Sie können. Sehen Sie sich die Richtlinien für den Einzelhandel an und prüfen Sie, ob auf ihrer Webseite eine Seite mit "Produkteinreichungen" vorhanden ist (Wal-Mart verfügt beispielsweise direkt auf seiner Webseite über schrittweise Anleitungen!). Je besser Sie vorbereitet sind, desto größer sind Ihre Chancen.

Schritt 2 - Erkennen Sie sich selbst

Ebenso müssen Sie alles über Ihr Produkt und Ihr Geschäftsmodell wissen. Wenn Sie Ihren Vorschlag Einzelhändlern vorlegen, müssen Sie ihnen zeigen können, warum Sie zuversichtlich sind, dass er verkauft wird, wer Ihre Zielgruppe ist und wie viel er verkaufen kann / wie viel Gewinn das Geschäft erzielen wird. Je detaillierter Sie darauf eingehen, desto sicherer werden die Geschäfte in Ihnen und Ihrem Produkt sein. Das Bereitstellen von Produktmustern ist eine gute Strategie, wenn Sie können, und das Bereitstellen zusätzlicher Materialien wie POS-Displays (Point of Sale) kann Ihnen helfen, zusätzliche Brownie-Punkte zu gewinnen. Berichterstattung in der Presse usw. kann Ihnen auch dabei helfen, Ihren Fall zu gewinnen.

Schritt 3 - Finden Sie Ihren Verbündeten

Jetzt haben Sie Ihre Tonhöhe / Ihr Paket bereit und müssen jemanden finden, der bereit ist, zuzuhören. Beginnen Sie, indem Sie den Käufer über die Details auf der Webseite kontaktieren oder anrufen und ihn bitten, mit dem Käufer oder Vertreter zu sprechen. Wenn Sie jedoch beschimpft werden oder keine Antwort erhalten, können Sie es jederzeit erneut versuchen, indem Sie nach Kontakten suchen, die Sie möglicherweise innerhalb dieser Organisation haben (LinkedIn ist in dieser Hinsicht ein leistungsstarkes Tool), oder indem Sie ein Treffen mit jemandem vereinbaren, den Sie können. Wenn Sie nur eine Person dazu bringen können, zuzuhören und sich für Ihr Produkt zu begeistern, hilft sie Ihnen möglicherweise dabei, das gewünschte Meeting zu erhalten.

Schritt 4 - Verwenden Sie einen Vertriebsmitarbeiter

Wenn Sie immer noch kein Glück haben, können Sie auch einen Vertriebsmitarbeiter hinzuziehen, der diesen Teil des Prozesses für Sie erledigt. Es kostet Geld und Sie verlieren etwas Kontrolle, aber sie haben Erfahrung und Kontakte, die ihnen helfen können, Sie auf sich aufmerksam zu machen. Sie gehen jedoch vor, geben Sie nicht auf. Sie können tausend Ablehnungen erhalten, aber wenn Sie eine positive Antwort erhalten, wird sich alles lohnen!

Schlussfolgerungen

Und da haben Sie es - das ist buchstäblich alles, was Sie möglicherweise brauchen, um ein physisches Produkt zu erstellen und echten Gewinn daraus zu ziehen!

Das mag sehr kompliziert klingen, aber nehmen wir uns einen Moment Zeit zum Nachdenken. Sie können selbst eine Idee entwickeln und dann das Design dieser Idee auslagern, sodass Sie Ihre fertige CAD-Datei an die Hersteller senden können. Sie können dann eine Webseite wie Alibaba verwenden, um Hersteller zu finden, die einen Prototyp verwenden, den Sie bei Shapeways sehr billig gedruckt haben. Dann können Sie über Kickstarter ohne Risiko Kapital beschaffen und über einen E-Commerce-Shop mit dem Verkauf beginnen…

Also eigentlich ... es ist wirklich gar nicht so schwer! In der Tat müssen Sie kaum einen Finger rühren. Das ist die Stärke des Webs und es wird allmählich zu einer seismischen Verschiebung der Art und Weise führen, wie Geschäfte getätigt werden. Warum nicht an der Spitze dieser Veränderung stehen und etwas Erstaunliches erschaffen?

Der Autor

 Jörg Willems (*1964) in Geldern, Kreis Kleve geboren, wuchs in Geldern auf und kehrte 2004 nach einer "Rundreise" durch die Bundesrepublik Deutschland zurück nach Geldern. Er hat Ausbildungen im kaufmännischen Bereich, in der Krankenpflege, sowie im Rettungsdienst und im Medienbereich. Des Weiteren ist er auch IHK-geprüfter Ausbilder.

Er fungierte bisher bei mehr als 40 Fachbüchern in der Krankenpflege und im Rettungsdienst als Allein-Herausgeber und seit 2009 als Co-Herausgeber und Fachbuchautor im Rettungsdienstbereich des Elsevier-Verlages und JÖWI-Verlages.

Jörg Willems ist Mitglied des Deutschen Fachjournalisten-Verbandes (DFJV), der European-Press-Association und der GNS Press, u.a. in den Fachbereichen Rettungsdienst und Krankenpflege, sowie Presse- und Verlagswesen.

Weitere Projekte des Autors:

www.plr-artikel24.de

Jöwi's-
Ratgeber

Hochwertige und aktuelle Ratgeber E-
Books zum Sofort-Download!

www.joewis-ratgeber.de

Ausgefloppt

Ultimative Erfolgsstrategien für Loser

Jörg Willems

Verlag: Books on Demand
Erscheinungsdatum: 27.03.2021

10,00 € Buch
inkl. MwSt. / portofrei
sofort verfügbar

4,99 € E-Book
inkl. MwSt.
sofort lieferbar als Download

Lampenfieber stoppen

Tipps für den glanzvollen Auftritt

Jörg Willems

Verlag: Books on Demand
Erscheinungsdatum: 18.11.2020

12,80 € Buch
inkl. MwSt. / portofrei
sofort verfügbar

6,99 € E-Book
inkl. MwSt.
sofort lieferbar als Download

Prüfungsangst? Nein Danke!

Wie Sie Angsten vor Prüfungen begegnen können

Jörg Willems

Verlag: Books on Demand
Erscheinungsdatum: 19.10.2020

10,00 € Buch
inkl. MwSt. / portofrei
sofort verfügbar

6,99 € E-Book
inkl. MwSt.
sofort lieferbar als Download

Videomarketing für Einsteiger

Jörg Willems

Verlag: Books on Demand
Erscheinungsdatum: 07.10.2020

10,00 € Buch
inkl. MwSt. / portofrei
sofort verfügbar

6,99 € E-Book
inkl. MwSt.
sofort lieferbar als Download

Bannerwerbung und Remarketing

Wie Sie mehr Traffic mit Bannerwerbung und Remarketing (...)

Jörg Willems

Verlag: Books on Demand
Erscheinungsdatum: 25.09.2020

14,80 € Buch
inkl. MwSt. / portofrei
sofort verfügbar

6,99 € E-Book
inkl. MwSt.
sofort lieferbar als Download

Geldmaschine Digitalkamera

Mit Fotos Geld verdienen

Jörg Willems

Verlag: Books on Demand
Erscheinungsdatum: 17.09.2020

10,00 € Buch
inkl. MwSt. / portofrei
sofort verfügbar

6,49 € E-Book
inkl. MwSt.
sofort lieferbar als Download

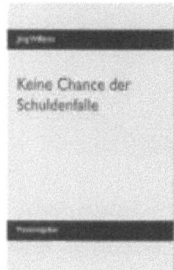

Keine Chance der Schuldenfalle

Raus aus den Schulden

Jörg Willems

Verlag: Books on Demand
Erscheinungsdatum: 15.09.2020

10,00 € Buch
inkl. MwSt. / portofrei
sofort verfügbar

6,49 € E-Book
inkl. MwSt.
sofort lieferbar als Download

Sämtliche Bücher können Sie **direkt** über den BoD-Buchshop (https://www.bod.de/buchshop/) kaufen, oder natürlich über jeden Buchhändler.

Die kommenden Buchprojekte: